2021 年京津冀协同发展交通一体化蓝皮书

（河北篇）

河北省交通运输厅

人民交通出版社股份有限公司

北 京

内 容 提 要

本书共分三部分，主要内容包括：2021年京津冀交通一体化主要成效、形势要求与工作建议、2021年度大事记等。

本书可供交通运输行业管理与技术人员查阅参考。

图书在版编目(CIP)数据

2021年京津冀协同发展交通一体化蓝皮书. 河北篇／河北省交通运输厅主编. — 北京：人民交通出版社股份有限公司，2022.8
　　ISBN 978-7-114-17904-4

Ⅰ.①2… Ⅱ.①河… Ⅲ.①交通运输发展—研究报告—河北—2021　Ⅳ.①F512.72

中国版本图书馆CIP数据核字(2022)第057282号

审图号：GS京(2022)0649号

2021 Nian Jing-Jin-Ji Xietong Fazhan Jiaotong Yitihua Lanpishu(Hebei Pian)

书　　名：	2021年京津冀协同发展交通一体化蓝皮书(河北篇)
著 作 者：	河北省交通运输厅
责任编辑：	刘永超　石　遥
责任校对：	席少楠
责任印制：	刘高彤
出版发行：	人民交通出版社股份有限公司
地　　址：	(100011)北京市朝阳区安定门外外馆斜街3号
网　　址：	http://www.ccpcl.com.cn
销售电话：	(010)59757973
总 经 销：	人民交通出版社股份有限公司发行部
经　　销：	各地新华书店
印　　刷：	北京市密东印刷有限公司
开　　本：	889×1194　1/16
印　　张：	5.25
字　　数：	57千
版　　次：	2022年8月　第1版
印　　次：	2022年8月　第1次印刷
书　　号：	ISBN 978-7-114-17904-4
定　　价：	60.00元

(有印刷、装订质量问题的图书由本公司负责调换)

《2021年京津冀协同发展交通一体化蓝皮书(河北篇)》编审委员会

主　　任	侯智敏			
执行主任	戴为民			
副 主 任	王　谷	唐建新	李绪明	郑占生
	白　刚	魏国东		
成　　员	张建公	王国清	齐彦锁	秘慧琴
	王　静	党永强	高正阳	汪天涌
	吕慧哲	冀永刚	张金国	赵　朋
	赵静波	陈洪源	周蕴璞	卢立新
	郑彦军	刘建新	王兰峰	胡月英
	郝　颖	魏　武	白军华	张玉龙
	王广臣	马盼来	张京波	暴连胜
	杨玉昭			

《2021年京津冀协同发展交通一体化蓝皮书(河北篇)》编写工作组

组　　长　戴为民

副 组 长　郑彦军　朱冀军

编写人员　杜军辉　井国龙　高　亮　王跃强

　　　　　王二冬　李永进　王仪坤　赵冰心

　　　　　杨晓蕾　吉亚铭

序

丑牛载誉岁更替，寅虎踏春谱新篇。

2021年是具有里程碑意义的一年，举国上下隆重庆祝党的百年华诞，中华大地全面建成小康社会，顺利开启全面建设社会主义现代化国家、向第二个百年奋斗目标进军新征程。新征程上，习近平总书记赞誉交通成为中国现代化的开路先锋，赋予交通运输新的历史使命，为新时代交通运输发展注入强大力量，让全体交通人倍受鼓舞、倍感振奋、倍增信心。新征程上，党的十九届六中全会通过了党的第三个历史决议，百年成就使人振奋，百年经验给人启迪。新征程上，京津冀协同发展战略全面深入实施，交通一体化发展从完成中期目标任务转向启动远期工作任务。

一年来，我们坚决贯彻习近平总书记关于京津冀协同发展的重要指示批示精神，全面落实党中央、国务院决策部署和省委、省政府工作要求，学党史、悟思想、办实事、开新局，统筹疫情防控和交通发展，聚焦"三区一基地"功能定位，强化"先锋是我、强国有我"意识，凝心聚力担使命、促协同，持续补短板、强弱项、提质效，京津冀交通一体化呈现向深度广度突破态势，实现"十四五"良好开局。互联互通交通网加速完善，新增2条高速铁路、达到23条，新增2条干线公路、达到47条，项目建设驶入"快车道"；运输服务一体化水平持续提升，全省交通一卡通互联互通实现县级全覆盖；雄安新区对外骨干路网全面打通，拼出"雄安速度"、创出"雄安质量"、打造"雄安试点"，交通高质量发展的画卷徐徐铺展;冬奥会交通设施高质高效、运输保障有力有序、疫情防控精准精细、服务保障细致到位,为成功举办"简约、安全、精彩"的冬奥盛会提供了坚强有力的交通运输服务保障。

新使命呼唤新担当,新征程更需新作为。2022年是党的二十大召开之年,是新阶段交通一体化取得重要成果的检验年,做好全年工作意义重大。我们要坚决以习近平新时代中国特色社会主义思想为指导,坚定不移把推进京津冀交通一体化作为重要政治任务,锚定服务"三件大事"、服务"六个现代化河北"、服务"两翼两区三群六带"和服务"三统筹三扩大四创建",以虎虎生威的雄风、生龙活虎的干劲、气吞万里如虎的精神,解放思想、开拓创新、踔厉奋发、笃行不怠,持续提升"两翼"交通服务保障水平,深入推进互联互通重点项目建设,扎实推动港口群和机场群建设,有效提升客货运输保障能力和智能化水平,全面推动京津冀交通一体化向广度深度拓展,奋力当好现代化经济强省、美丽河北的开路先锋,以优异成绩迎接党的二十大胜利召开!

2022年2月24日

目 录

一、2021年京津冀交通一体化主要成效 ········ 01

（一）京津冀交通一体化向广度深度拓展 ········ 02
1. 互联互通交通网络加速完善 ········ 02
2. 运输服务一体化水平持续提升 ········ 07

（二）雄安新区对外骨干路网全面建成 ········ 10
1. 交通"大动脉"全面打通 ········ 10
2. 倾力打造千年大计"雄安质量" ········ 15
3. 聚力创建最严格"雄安标准" ········ 17
4. 全力拼出历史最快"雄安速度" ········ 18

（三）冬奥交通服务保障全部到位 ········ 20
1. 交通设施全面就绪 ········ 20
2. 运输保障全面提升 ········ 23
3. 防控预案全面落地 ········ 24

（四）北三县与通州区互联互通驶入"快车道" ········ 26
1. 轨道交通迈出坚实步伐 ········ 26
2. 跨区域公路建设按下"快进键" ········ 28
3. 内河旅游航道实现重大突破 ········ 32

（五）"三个强化"统筹做好常态化疫情防控和运输保障 …… 33

1. 强化组织领导，高效推进疫情防控工作 …… 33
2. 强化精准施策，严防疫情通过交通运输渠道传播 …… 34
3. 强化应急保障，确保民生保障大通道全面畅通 …… 34

（六）"四个坚持"助推交通一体化取得新成效 …… 35

1. 坚持统筹推进，上下联动发出"新合力" …… 35
2. 坚持规划引领，发展蓝图绘出"新脉络" …… 37
3. 坚持创新驱动，破解难题闯出"新路径" …… 39
4. 坚持协调联动，对接工作创出"新局面" …… 39

二、形势要求与工作建议 …… 41

（一）形势要求 …… 41

1. 发挥先行引领作用 …… 42
2. 持续向深度广度突破 …… 44
3. 落实规划阶段性目标 …… 44

（二）存在问题 …… 45

1. "规划同图，建设不同步"现象依然存在 …… 45
2. 要素保障需进一步加强 …… 45
3. 干线公路品质存在"梯度差" …… 46
4. 跨区域、跨方式客运通行效率有待进一步提高 …… 46
5. 货运"最后一公里"问题仍较突出 …… 47
6. 交通智能化需加速推进 …… 47

(三) 2022年工作建议 ································ 48

1. 持续推进"两翼"交通运输服务保障能力建设 ········ 48
2. 持续推进互联互通项目建设 ······················ 49
3. 持续推进港口群和机场群建设 ···················· 50
4. 持续推进运输服务保障能力建设 ·················· 50
5. 持续推进交通信息共享体系建设 ·················· 51
6. 有序实施干线公路品质对接工程 ·················· 52
7. 有序实施打通农村公路"断头路"工程 ············· 52
8. 有序实施跨区域智慧公路建设标准研究 ············ 52
9. 有序实施跨区域定制公交试点示范创建 ············ 53
10. 有序实施"大协同"发展机制深化工作 ············ 53

三、2021年度大事记 ································ 55

(一) 领导深切关怀 ································ 55
(二) 高效对接合作 ································ 62
(三) 相关重要文件 ································ 65
(四) 全力推进建设 ································ 68

一、2021年京津冀交通一体化主要成效

河北省坚持以习近平新时代中国特色社会主义思想为指导，深入学习贯彻习近平总书记关于京津冀协同发展的重要指示批示精神和党中央、国务院决策部署，全面落实省委省政府工作安排，着力补齐设施短板，加力完善服务功能，聚力提升质量效益，雄安新区对外骨干路网全面建成、冬奥交通服务保障全部到位、北三县（三河市、大厂回族自治县、香河县）与通州区项目建设驶入"快车道"，京津冀交通一体化呈现向广度深度突破态势，实现"十四五"良好开局。

（一）京津冀交通一体化向广度深度拓展

1. 互联互通交通网络加速完善

——轨道交通

京沈客运专线铁路、邢和铁路建成通车，太锡铁路太子城至崇礼段具备开通条件；京唐、津兴、石衡沧港城际铁路等项目加快建设，雄安新区至大兴机场快线（R1线）、雄忻高速铁路等项目开工建设。新增铁路109公里，达到8050公里、居全国第2位。与京津新增高速铁路2条、达到23条。石家庄地铁3号线一期东段及二期工程开通运营，城市轨道交通新增19.2公里、达到78.2公里，持续助力"轨道上的京津冀"跑出加速度。

——公路

迁曹高速公路京哈高速公路至沿海高速公路段、G205津冀接线段等22个项目建成通车；首都地区环线高速公路承平段、京秦高速公路遵秦段等37个项目加快建设；首都地区环线高速公路三河平谷交界段、张涿高速公路新增西太路互通与北京同步开工建设，G109张涿高速公路至京冀界等39个项目前期工作加快推进。新增公路4800公里，达到20.95万公里，与京津新增干线公路2条、达到47条。其中，建成运营高速公路278公里、达到8084公里、居全国第4位；普通干线公路完成新改建269公里，规模达到2.04万公里，全省干线公路网格化布局更加完善，区域互联互通水平进一步提升。

——港口

唐山港曹妃甸港区中物通用码头工程投产运行；京唐港区25万吨级航道、黄骅港矿石码头一期续建工程、秦皇岛港西港区游艇帆船泊位改造项目完成交工验收；黄骅港煤炭港区3号－4号通用码头工程等项目加快建设；唐山港曹妃甸港区中区一港池20万吨级航道工程、唐山港丰南港区河口码头区通用码头工程等项目开工建设。新增生产性泊位5个、达到242个，年设计通过能力新增708万吨、达到11.3亿吨、居全国第3位。港口基础设施规模不断扩大，设施供给质量得到有效提升。

——机场

邢台军民合用机场完工，石家庄机场改扩建配套空管工程、唐山机场改造提升工程完成竣工验收。中捷通用机场改扩建项目新建跑道、站坪等工程基本完工，航管楼、塔台加快建设。石家庄、承德、秦皇岛北戴河、唐山等机场新一期改扩建项目前期工作加快推进。全年通用机场新增2个，机场总数达到16个。运输机场为主、通用机场为辅，运输航空与通用航空相辅相成的机场布局体系进一步完善。

——场站

亿博基业冀中南公铁联运智能港完成铁路集装箱堆场、海关监管场所、监管仓库建设，河北武安保税物流中心完成海关监管区建设，太行国际"一带一路"智慧冷链物流园、衡水国际陆港一期加快建设。新开辟内陆无水港16个，全省港口开通内陆无水港达到65个。全省陆港企业达到9家，3家具备海关监管和保税功能。辐射区域广、聚集效应强、服务功能优、运行效率高的综合性物流枢纽项目建设稳步推进。

> **专栏1　2021年京津冀交通一体化项目进展统计**
>
> **轨道交通**：共32个，建成3个，续建3个，新开工5个，开展前期工作5个，规划研究16个。
>
> **高速公路**：共35个，建成5个，续建7个，新开工5个，开展前期工作6个，规划研究12个。
>
> **普通干线公路**：共72个，建成17个，续建19个，新开工9个，开展前期工作21个，规划研究6个。
>
> **骨干道路**：共4个，新开工2个（厂通路、安石路），规划研究2个。
>
> **枢纽**：共17个，建成1个，续建5个，新开工5个，规划研究6个。

——智能交通

延崇、京雄、京德、荣乌智慧高速公路投运，总里程超过400公里，覆盖平原、山区、高寒高海拔等多种应用场景，形成河北特色的智慧高速公路方案。黄骅港建成国内首个煤炭装卸全流程自动远程作业系统（图1-1），唐山港开展堆取料机无人化改造、集装箱自动化码头建设，实现煤炭堆场和矿石码头作业远程控制。具有自主知识产权的"车路云网一体化智慧高速公路解决方案"在世界交通运输工程技术论坛正式发布（图1-2），与清华大学、东南大学等联合开发的超距雷达感知技术、动态控制技术、车基反馈技术、云控技术等核心技术达到国内领先水平。

图1-1　黄骅港建成国内首个实现全流程智能化的煤炭港口

图1-2　河北省智慧高速公路方案亮相2021年世界交通运输大会

专栏2 智慧高速公路投运

延崇高速公路：面向2022年北京冬奥会，着力打造"四体验、五亮点"的智慧公路。四体验即安全快捷、北斗+5G信号、智能诱导、车路协同。五亮点即国内第一条支撑奥运标准的智慧化高速公路、国内第一条实现全要素物联网集群监测的数字化高速公路、国内第一条运营开放路段车路协同示范高速公路、国内第一条基于视觉的隧道智能综合诱导高速公路、国内第一条高精度北斗卫星信号全覆盖的高速公路。

京雄高速公路：重点围绕高速公路智慧专用车道、特定车辆准全天候安全通行、全要素全生命周期的综合运维保障。京雄高速公路将行车方向最内侧车道设置为自动驾驶专用车道，专用车道和其他车道之间采用软隔离的方式，是国内第一条设置自动驾驶专用车道的高速公路。

荣乌高速公路新线：主要开展智慧运维系统、基础设施数字化建设、全息化智能感知、准全天候通行控制、智慧化车辆管控和全局动态管理服务建设，并建设掌控全局的"智慧大脑"——智慧高速公路大数据中心。该中心聚合整条高速公路全部数据，提供"感知、分析、决策、控制、服务"全链路支持的智慧高速公路数据中心，将为管理者提供智能化养护辅助决策、云边融合的调度管理体系、集智能化信息化于一体的应急指挥调度体系，为驾乘提供"准全天候通行""货车管控""智慧服务区"等特色应用场景。

京德高速公路：重点围绕融合感知子系统、全局动态交通管理平台、动态安全预警控制系统、行车安全诱导子系统、智慧高速公路全过程管理平台建设。其中通过基于 BIM + GIS 的智慧高速公路全过程管理平台应用实现对项目工程建设期质量、投资、安全、进度、环保等智能化管控,为高速公路项目信息化建设、施工管控、决策支持、养护管理等提供全过程、全方位的技术服务。

2. 运输服务一体化水平持续提升

——公共交通

交通一卡通实现县级全覆盖。着力推进交通一卡通向县级延伸,制定《河北省县级交通一卡通互联互通工作方案》,成立工作专班,安排专项资金,鼓励各相关企业尽快安装,尽早投用。年内新增138个县(区、市)交通一卡通互联互通,实现全省县级全覆盖,同时推进微信、支付宝等移动支付应用于城市公交,居民出行更加便捷,进一步提升了居民公交出行的获得感和幸福感。

城乡交通运输一体化水平大幅提升。扎实推进"四好农村路"提升工程,全省农村公路建设改造完工8978公里,7446公里存量翻浆路全部整治完成。全省县城30公里范围内农村客运班线公交化运行率达到95.3%。制定《推动农村客运高质量发展实施方案》，选取35个县开展城乡客运一体化试点，平泉市、晋州市被命名为"全国城乡交通运输一体化示范县"；涉县、武安市获评"全国第二批城乡交通运输一体化示范创建县"。

公交一体化加速推进。12月30日，河北省首次发往北京市等外省市的省际公交在北三县正式开通。北三县首批发往北京的3条公交线路共投入11部客车，计16个班次，其中香河县投入6部，6个班次，途经唐通线、京哈高速公路；大厂县投入1部，2个班次，途经武兴路、G103、京通快速路；三河市投入4部，8个班次，途经G102、通燕高速公路、京通快速路。省际公交车的开通，为跨省、跨区域公交一体化发展提供经验借鉴，加快推进了北三县与通州区一体化高质量发展，为北三县人民群众提供新的进京绿色、安全、便捷、高效服务。

——运输网络

铁路国际班列加速开行。累计开通国际班列13条，覆盖欧洲、中亚、东南亚等区域，主要通往德国、波兰、比利时、俄罗斯、白俄罗斯、乌兹别克斯坦、蒙古、越南等国家。石家庄至德国汉堡"冀西欧"班列和秦皇岛港、唐山港"韩日中蒙"班列等实现常态化运营。

港口门户功能加快完善。大力开辟集装箱内外贸航线，在巩固现有航线基础上，新开辟唐山港京唐港区至广州港、黄骅港至上海港2条内贸航线，唐山港京唐港区至韩国平泽港、曹妃甸港区至印尼哈多比港2条外贸航线，全省集装箱内外贸航线达到67条。海铁联运线路累计达到37条，连通三北（华北、东北、西北）地区等腹地。全省港口货物吞吐量完成 12.3 亿吨，同比增长 2.5%；集装箱吞吐量完成 480.6 万标箱，同比增长 7.6%。

机场航线逐步恢复。 积极克服疫情影响，加强机场疫情防控，逐步恢复干线和省内支线航班密度，全省累计运营航线 177 条，恢复至 2020 年的 85.5%。客货运吞吐量有序恢复，全省运输机场旅客吞吐量、货邮吞吐量分别完成 844.6 万人次、3.46 万吨，恢复至 2020 年的 80.7%、39.1%。石家庄机场累计运营航线 133 条，旅客吞吐量、货邮吞吐量分别完成 645.1 万人次、3.3 万吨，恢复至 2020 年的 78.6%、38.5%。

——绿色交通

"公转铁、公转水"深入推进。 地方铁路完成货运量 5.45 亿吨，同比增长 10.5%。多式联运完成集装箱 53.47 万标箱，同比增长 28.8%。全省新增铁路专用线 5 条。积极推进港口岸电设施建设，具备岸电供应能力的 5 万吨级以上专业化泊位达到 62 个、占比 78.5%。

低碳交通工具广泛应用。 淘汰国三标准柴油货车 6.1 万辆，累计淘汰 27.2 万辆，完成目标任务。新增及更新新能源公交车 1200 辆，达到 2.4 万辆、占比 75%，同比增加 3 个百分点。新增新能源或清洁能源出租汽车 5616 辆，达到 5.66 万辆、占比 76.7%，同比增加 7 个百分点。新增网络货运企业 30 家、达到 90 家，车辆空驶率平均降低 5%。石家庄市、衡水市被交通运输部、公安部、商务部授予"绿色货运配送示范城市"称号。

减尘增绿成效持续巩固。城市出入口及周边重要干线公路路段全部采用机械化清扫。干线公路路面范围内基本无扬尘，工程施工现场扬尘整治全部达标。普通干线"拆违增绿"202公里，雄安新区新建道路全面绿化，冬奥张家口赛区道路绿化提档升级，农村公路基本实现"一路两沟四行树"。

（二）雄安新区对外骨干路网全面建成

1. 交通"大动脉"全面打通

按照"先谋后动，规划引领"的要求，高标准高质量研究雄安新区综合交通运输规划建设方案，在"一张白纸"上构筑起现代综合立体交通网络，精心绘制雄安新区规划蓝图。

2021年5月29日，京雄高速公路一期工程、荣乌高速公路新线、京德高速公路一期工程全部通车运营，与京港澳、大广、荣乌高速公路及2020年建成运营的津石高速公路共同构成的雄安新区"四纵三横"高速公路（图1-3）大动脉全面打通。实现雄安新区与北京中心城区直达，与大兴国际机场直通，与天津港、黄骅港直连，实现60分钟到京津，90分钟到石家庄，畅通对外联系通道。对外普通干线项目进展顺利，建成通车容易、安大两条普通干线公路，打通了新区建设"粮道"，加强了新区对外联络，加密内部路网联通，有力支撑雄安新区建设。

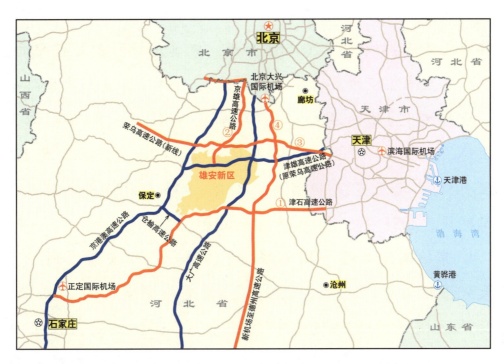

图 1-3 雄安新区"四纵三横"高速公路网布局示意图

专栏3 雄安新区"四纵三横"高速公路网

四纵:

1. 京港澳高速公路: 国家高速公路网首都放射线,全国南北交通大动脉之一。

2. 大广高速公路: 国家高速公路网南北方向主干线之一。

3. 京雄高速公路一期工程(图1-4):是北京中心城区连接雄安新区最便捷的高速公路通道,兼具机场高速公路功能。项目由主线和大兴国际机场北线支线组成,其中主线路线长69.462公里;支线路线长5.570公里。另设置涿州东、高碑店2条连接线，长20.565公里。概算总投资213.35亿元。主线起点至泗庄枢纽互通段及支线采用双向八车道高速公路标准，设计速度120公里/小时，路基宽度42米。泗庄枢纽互通至终点段采用双向六车道高速公路标准，设计速度120公里/小时，路基宽度34.5米，公路-Ⅰ级。2020年3月全面开工建设，2021年5月29日通车运营。

4. 京德高速公路一期工程(图1-5)：是雄安新区通往北京大兴国际机场的主要高速公路，也是雄安新区与冀东南、鲁西地区间的重要通道。路线全长87.256公里，设置霸州东互通连接线1条。主线采用双向六车道高速公路标准建设，设计速度为120公里/小时，路基宽度34.5米，公路-Ⅰ级。2020年3月全面开工建设，2021年5月29日通车运营。

三横：

1. 荣乌高速公路新线(图1-6)：是通往天津港集疏运体系的主要组成部分，也是分流北京市大外环过境交通的主要通道。全长72.814公里，全线采用双向八车道高速公路标准建设，设计速度120公里/小时，路基宽度42米，公路-Ⅰ级。2020年3月全面开工建设，2021年5月29日通车运营。

2. 津雄高速公路(荣乌高速公路旧线)：国家东西交通大动脉之一，是国家东部地区进入西部地区便捷的交通通道。

3. 津石高速公路：是连接天津、雄安新区和石家庄的重要联络通道，是雄安新区"四纵三横"区域高速公路网中率先启动的重大项目。2018年2月开工建设，2020年12月22日与天津段同步建成通车。

雄安新区主要普通干线公路

1. 国道G230京冀界至码头镇段：位于保定涿州市，路线向北与北京市干线公路联通，向南与雄安新区相接，完善了北京市与雄安新区的干线公路联系，路线全长3.36公里。2019年7月开工建设，2020年11月30日通车运营。

2. 省道S606雄安新区至易县公路（容易线）：是保障雄安新区建设建材供应的主要运输通道之一，是改善雄安新区与周边地区联络的重要干线通道，路线全长40.5公里。2019年9月开工建设，2021年5月29日通车运营。

3. 省道S605雄安新区至满城公路（安大线）：是保障雄安新区建设建材供应的主要运输通道之一，是改善雄安新区与周边地区联络的重要干线通道，路线全长45.6公里。2019年9月开工建设，2021年5月29日通车运营。

图1-4 京雄高速公路一期工程

图1-5 京德高速公路一期工程

图1-6 荣乌高速公路新线

2. 倾力打造千年大计"雄安质量"

奋力抓建设、聚力提质量、合力保安全，雄安新区外围交通基础设施建设亮点纷呈，打造雄安质量。

建设高质量。 全面推行全寿命周期理念，开展长寿命路面材料、设计与施工成套技术研究，桥梁等结构物全面应用高性能混凝土，填方路基弯沉值、混凝土钢筋保护层厚度等耐久性指标大幅度高于交通运输部颁布的品质工程评价标准。京雄高速公路打造十七孔拱桥，京德高速公路构筑平原高速长桥美景。建设"中西合璧、以中为主、古今交融"建筑的开放式服务区，龙门架、护栏、标志等各具特色。交通运输部将京雄高速公路等项目列为"平安百年品质工程"，河北省两次在交通运输部全国品质工程建设会议上做典型发言。图1-7为京雄高速公路河北段与荣乌高速公路新线交会的泗庄枢纽互通。

图1-7　京雄高速公路河北段与荣乌高速公路新线交会的泗庄枢纽互通

运营提品质。强化服务提升，路面表面层平整度控制在0.6毫米以内，比交通运输部颁布的规范要求提高一倍，行车舒适性得到有效提高。依托枢纽互通、开放式综合服务区等重点部位，打造路景一体、路游一脉旅游景观。加大研发投入，攻克超距雷达等关键性技术，京雄高速公路智慧照明系统安装投用、开设自动驾驶专用车道，荣乌高速公路新线重点建设智慧化货运通道，京德高速公路完成交通事故风险辨识系统实地测试。

试点稳推进。《高品质物流共同配送实施细则》《非机动车交通管理政策研究》《停车收费政策研究》等3项专题研究和雄安高铁站运营管理一体化和运输服务一体化示范工程等全部完成年度任务。建成京雄高速公路白沟服务区、荣乌高速公路新线雄安北服务区2个综合型开放服务区，建成荣乌高速公路新线智能建造基地和综合养护中心，结合新区发展研究智能建造方案。智慧出行服务系统一期投运，雄安站综合枢纽和城市交通实现一体化运营，起步区轴线综合通道工程开工建设。

专栏4　雄安新区2个综合型开放服务区

服务区采用开放共享的运营模式，周边群众进得来，路上乘客出得去，与区域经济融合发展，统筹商业综合体、汽车旅馆、旅游休憩等功能，提供多层次、多业态、一站式服务体验。

雄安北服务区：雄安北服务区位于荣乌高速公路新线西段，占地面积177亩，是集品牌、科技、文化、地域特色于一体的开放式服务区。西靠白沟河，东邻富强大街，有机衔接高速公路与沿线城镇，盘活城镇外围的闲置土地，引导资源要素和现代服务业向高速公路节点集聚，实现公路物流商贸基础平台的功能，依托服务区功能节点促进片区经济的快速发展。

白沟服务区：白沟服务区设置在京雄高速公路雄安北端口收费站外侧，占地面积143亩，空间布局上以富强路为轴，向两侧延展，西侧为开放式高速公路服务区，东侧为旅游集散中心，实现高速公路服务区从单一高速公路服务向社会综合服务转变。

3. 聚力创建最严格"雄安标准"

坚持把科技创新摆在突出位置，发挥重大工程技术核心支撑和创新引领作用，提升工程高技术含量，创造雄安标准。

严格建设标准。 编制《雄安新区公路工程标准体系》，包括建管养5章节、67项雄安标准，路基涵盖高承载力、软基处理等规程，桥涵囊括高性能水泥混凝土应用、钢桥建造施工等规范。跨河道特大桥梁均严格按防洪300年一遇标准建造，全线护栏防撞等级均在SA级以上，全部高于目前国家标准。编写《高速公路建设安全生产标准化手册》，形成一整套安全监管标准。

创新管理标准。创建以PPP项目"两标分开"方式分阶段选定社会投资人和施工单位，管控进度、质量和投资。开展"代建+监理"建设管理改革试点。项目管理搭建BIM+GIS信息化综合管理平台，场站建设构建工业化园区、工厂化场区，路基、路面施工开展智能压实试点，桥梁施工推进全装配式试点，钢梁BIM技术协同制造，桥面铺装激光智能一体化摊铺等技术，路面施工实施数字化全程监控。112项"四新"技术广泛应用，70余项"小微"创新遍地开花。

构筑生态标准。聚焦减尘降耗增绿，全面使用清洁能源、清除超标非道路移动机械。加强施工扬尘与噪声监测，对粉尘、噪声等环境敏感因素实时监测。服务区应用污水处理系统、雨水收集系统，使水资源重复高效利用，节省养护成本。统筹高速公路两侧绿化设计，实施灌木、乔木等植物群落搭配布置，建设"色彩丰富、季相多变"的绿色生态廊道。图1-8为京雄高速公路河北段白沟河特大桥。

4. 全力拼出历史最快"雄安速度"

坚持"先行官"定位，实施"双先工程"，强化加速度建设、走在前投用，拼出雄安速度。

图 1-8 京雄高速公路河北段白沟河特大桥

前期工作用时"短"。实施"一会三函"制度，将数十个开工前审批事项优化为 4 个环节，大大节省跑办时间；实行市县政府集中办公，有效解决地方问题，着力引导群众积极配合；105 天完成用地预审批复，52 天完成可研报告、初步设计和施工图批复，4 个月完成土地组卷报相关部门审批，创造前期工作报批用时最短纪录。

工程进度推进"快"。京雄高速公路、荣乌高速公路新线、京德高速公路 1 个月完成永久征地大田作物清表，9 个月完成路基工程和桥梁主体工程，4 个月完成路面工程，交叉完成房建工程，1 个月完成交安、机电、标线等附属工程，施工总工期 15 个月（有效工期 13 个月），刷新河北省高速公路项目建设最快纪录。

施工管理模式"优"。编制标准化管理图册手册，创立进度预警机制，精细把握施工节点，提早规范、提前告知。开展

"大干120天""百日攻坚""保通车"劳动竞赛和"党旗在一线飘扬、堡垒在一线构筑、党员在一线冲锋"活动,组建党员先锋队、青年突击队,开足马力实施项目建设大会战、大决战,建设高峰时段5.5万名施工人员、8300余台套设备投入施工,掀起比学赶超、大干快上建设热潮,形成灯火通明、热火朝天的建设场景。图1-9为雄安新区建设场景。

图1-9 雄安新区塔吊林立、热火朝天建设场景

(三) 冬奥交通服务保障全部到位

1. 交通设施全面就绪

延崇高速公路延伸工程(图1-10)、赤城支线工程建成通车,张家口宁远机场改扩建、延崇高速公路、崇礼南互通、6条

普通干线（崇礼城区至长城岭、崇礼城区至万龙、崇礼城区至太子城、万龙至转枝莲、太子城至古杨树至棋盘梁、太子城至云顶公路）和农村公路、张家口南综合客运枢纽、崇礼客运枢纽、太子城客运枢纽等 12 个重点交通运输项目如期建成投用。河北省首座高速公路线外开放式生态智慧服务区——延崇高速公路太子城和平驿站建成运营。会展东、冬奥村北、棋盘梁、转枝莲、马丈子、崇礼北、崇礼南和太子城 8 个临时交通场站建成投运，全力满足赛时各类人员的驻车及换乘需求。以铁路公路为主、航空为辅的冬奥综合运输网络和以班线交通为导向的冬奥会运输服务保障体系全面形成，赛区对外集散通道及内部循环网络达到赛事服务要求。

图 1-10　2021 年 8 月 31 日延崇高速公路延伸工程顺利通车

专栏5　太子城和平驿站

太子城和平驿站（图1-11）：位于太子城互通出口处，占地约211亩，驿站场地布设综合服务楼、汽车旅馆、露营房、露营地、房车营地、观景台、停机坪、停车场等。崇礼首座已建成的冬奥保障加氢站也位于太子城和平驿站，成为展示"绿色办奥"的窗口。不仅能提供加油、就餐、住宿等服务，而且在冬奥会期间还能为交通畅通提供应急保障，设置应急指挥中心，为应急救助提供便利条件。

图1-11　延崇高速公路太子城互通出口处与和平驿站

2. 运输保障全面提升

编制完成赛时整体交通设施和交通组织方案及冬奥期间收费站快速通行等方案。张家口、崇礼、下花园、大海陀等 7 个服务区的无障碍改造工程全部完成，达到赛事保障要求；配备新能源车 515 辆，建成加氢站 5 座，确保张家口赛区用氢需求得到有效保障。按时完工专用路网交通标线施划、标志安装工程，共安装标志 204 块，施划热熔标线 110 公里、路面奥运图标 66 组。组建高速公路服务保障团队 21 支、场站运维团队 8 支、运输团队 2 支。围绕提升队伍素质，加强岗位培训，共开展冬奥礼仪、疫情防控等培训 400 余场，累计培训 9000 余人次，交通设施服务保障队伍顺利通过测试赛考验，车辆驾驶员"人车同步"随时到位。印发《北京冬奥会涉奥国际客运航班备降石家庄机场应对处置方案》，组织近 20 家单位进行了 2 次实战演练，演练时长共计 10 小时；对接北京冬奥组委，疏通路面转运过程中的车辆人员配置、省界移交衔接等难点环节。综合涉奥高速公路、张家口市及核心区普通公路、市政道路以及交通管控等信号数据，建立张家口冬奥交通保障指挥中心，与北京冬奥组委指挥调度中心联网运行。

石家庄机场设置指定机位（206 机位），将 1 号航站楼 1 楼贵宾室和 2 楼三个区域，分别设置为外国国家元首、政府官员、涉奥运动员、普通旅客、机组人员 5 个临时休息区域，设置边检、海关入境联检通道，机场及驻场单位准备保障车辆 12 台（包括航空器保障特种车辆、货运装卸车辆、摆渡车、贵宾车、应急供电车等）。石家庄市指定 2 个综合性医院和 5 个隔离休息酒店，准备负压救护车 2 台及若干转运车辆。河北省外办准备 1 辆贵宾车，安排翻译人员。河北省公安厅安排多个警种做好现场安保、转运引领、路上保障等工作。河北省交通运输厅安排涉及入境人员通过京港澳高速公路转运，指定沿线保定和涿州服务区做好保障准备。各单位保障人员近 200 人，为统筹做好服务保障和疫情防控工作做好充足准备。图 1-12 为进京检查站附近"迎"字主题的雕塑。

图 1-12　进京检查站附近"迎"字主题的雕塑

3. 防控预案全面落地

编制《北京 2022 年冬奥会和冬残奥会张家口赛区交通业务领域新冠疫情防控方案（第二版）》，按照闭环管理和非闭环管理人员分类施策的原则，规范做好交通场站、交通工具、邮件快递及服务人员的疫情防控工作。制定《北京冬奥会河北省公路交通保障重大风险防控方案与应急预案》，明确重大风险判定标准，累计排查涉奥公路风险点段40处、90公里。先后开展7次桌面推演预演及实战演练。图1-13为大海陀服务区。

图1-13　大海陀服务区

铲冰除雪保障任务提前部署大型除雪设备300台、人员842人，随时待命，确保极端天气下的道路安全顺畅。与气象、交警等部门协调联动，实行24小时值班在岗，接到降雪预警后，除雪设备和人员全部出动，进入备勤点备岗，以雪为令，快速行动，进行不间断循环除雪作业，做到随下随清，雪停路净，始终保障机动车道畅通。累计共出动各类除雪机械852台班，人员1656人次，圆满完成除雪保畅任务，为有效应对恶劣天气，铲冰除雪保通保畅积累了战时经验。图1-14为专用机械正在进行除雪作业。

图 1-14　专用机械正在进行除雪作业

（四）北三县与通州区互联互通驶入"快车道"

1. 轨道交通迈出坚实步伐

京津冀首条跨区域地铁 M22 号线（平谷线），也是廊坊北三县与北京城市副中心轨道交通联系的重要通道，2021 年 6 月开工建设，标志着北三县与通州区一体化发展迈出了坚实的步伐，建成后将成为京东地区重要的进京通勤快速通道，将有力助推北三县加快融入北京城市副中心建设、加速实现同城一体化发展。

京唐城际铁路是服务于环渤海及京津冀地区的一条具有重要意义的城际高速铁路，预计 2022 年 6 月建成通车。开通后将打通北京通州至北三县、唐山等地区城际通道,支撑京津唐地区经济一体化发展,带动北京通州、河北香河、天津宝坻以及唐山经济协同发展。

> **专栏6 北三县轨道交通项目**
>
> **M22号线**(平谷线)(图1-15):项目线路向东沿京秦高速公路至齐心庄,向北沿平三铁路入北京市平谷区,全长81.2公里,三河市境内长30公里,其中地下线约18.3公里,高架线约11.7公里,设有燕郊站、神威大街站、潮白大街站、高楼站4座地下车站和齐心庄地上车站,以及1个车辆段,工程建设期为2021年至2025年。
>
> **京唐城际铁路**(图1-16):项目起自北京市通州区,终点为河北省唐山市,线路走向近东西向,沿线经北京市通州区、河北省廊坊市、天津市宝坻区、河北省唐山市。京唐城际铁路线路全长148.74公里,全线路共设置车站8座,分别为北京城市副中心站、燕郊站、大厂站、香河站、宝坻南站、鸦鸿桥站、唐山西站和唐山站。其中,在北三县境内长度约50.3公里,共设置燕郊站、大厂站、香河站3个车站,共计占地48.19公顷。

图 1-15　京津冀跨区域地铁 M22 河北段线路示意图

图 1-16　京唐城际铁路三河市燕郊段建设现场

2. 跨区域公路建设按下"快进键"

通燕高速公路燕郊出口立交枢纽项目（图 1-17），位于国道

G102与通燕高速公路相接处，紧邻潮白河东岸，距离北京城市副中心仅8公里，是三河市与北京城市副中心交界处，也是河北进入北京城市副中心的咽喉要道，受国道G102、通燕高速公路、京榆旧路、思菩兰西路、燕顺路等"五路汇聚"影响，常年交通压力较大，该项目于2021年10月12日正式通车。该项目变平交为立交，实现了通燕高速公路与思菩兰西路和燕顺路直连，过去平面环岛南北路由原来的双向混合交通变成了单向行驶。该项目的建成通车，将全面改善现有交通状况，满足廊坊北三县加快融入北京城市副中心、对接京津冀协同发展的需要。目前三河通往北京城市副中心仅需10分钟，实现三河市与北京城市副中心交通的顺畅连接，该路段交通拥堵问题得到根本解决。

图1-17 通燕高速公路燕郊出口立交枢纽项目

《京津冀协同发展交通一体化规划（2019—2035年）》中北三县与通州区一体化发展重点跨界项目安石路、厂通路、神威北大街、通宝路接线协议全部签订，其中安石路、厂通路开工建设。4条跨界道路总长29.7公里，总投资达到62.7亿元，其中河北段共计13.8公里，投资45.1亿元。4条跨界骨干道路的建设，对完善京津冀交通一体化路网体系、打通交界区域"断头路""瓶颈路"、缓解跨境交通拥堵具有十分重要的意义，将有力疏解非首都功能、为通州区与北三县全面融合发展提供更加坚实的支撑。

专栏7　北三县与通州区4条跨界骨干道路（图1-18）

安石路：对接通州区石小路，全长9.4公里，投资12.4亿元。安石路3.6公里，投资9.4亿元；石小路5.8公里，投资3亿元。安石路已于2021年5月开工建设，起点位于香河县城新开大街，终点位于北运河左堤县界，与通州区石小路衔接，公路-Ⅰ级标准兼城市主干道，双向六车道，路基宽47米。计划2022年具备通车条件。

厂通路：对接通州区厂通路，全长7.9公里，投资15.3亿元。厂通路河北段0.9公里，投资4.5亿元；厂通路北京段7公里，投资10.8亿元。厂通路2021年已开工建设，河北

段起点位于观潮路，终点位于潮白河左堤，与通州区通济路衔接，公路-Ⅰ级标准，双向六车道，路基宽42米。计划2023年完工。

神威北大街：对接通州区姚家园路东延（潞苑北大街），全长3.2公里，投资9.6亿元。神威北大街2.8公里，投资8.1亿元；姚家园路东延0.4公里，投资1.5亿元。神威北大街已于2021年4月28日签订省界接线协议，起点位于燕灵路，终点位于潮白河左堤，与通州区姚家园路衔接，公路-Ⅰ级标准，双向六车道，路基宽45米。计划2022年底前开工建设，力争2023年完工。

通宝路：对接通州区通香路，河北省与北京市对接段全长9.2公里，投资25.4亿元。通宝路6.5公里，匡算投资23.1亿元；通香路2.7公里，投资2.3亿元。通宝路已于10月12日签订省界接线协议，起点位于国道G230通武线，终点位于香河县北吴村北侧，跨潮白河与通州区拟建线位相接，公路-Ⅰ级标准兼城市主干道，双向六车道，路基宽46.5米。计划2022年内开工建设，力争2023年完工。

图 1-18 北三县与通州区 4 条跨界骨干道路示意图

3. 内河旅游航道实现重大突破

2021 年 6 月 26 日，京杭大运河廊坊段与北京段实现同时同步旅游通航，为 20 世纪 80 年代以来我省内河断航后的历史性突破，大运河也成为推动京津冀协同发展的重要桥梁纽带，京津冀交通互联互通内涵进一步丰富。

专栏8　大运河香河段

大运河香河段：上接北京通州，下连天津武清，全长 21.7km，共建有 5 个游船码头，分别为鲁家务码头、香河中心码头（图 1-19）、王家摆码头、安运码头和金门闸码头。其中香河中心码头规模最大，拥有 34 个泊位，占地面积 11.33 平方千米，可实现每日运送游客 3500 人次。

图 1-19　京杭大运河北运河廊坊段香河中心码头

（五）"三个强化" 统筹做好常态化疫情防控和运输保障

1. 强化组织领导，高效推进疫情防控工作

完善工作机制。2021年年初疫情暴发后，迅速激活交通检疫和运输保障组应急工作机制，集聚力量、集结骨干、集中办公，在既有公路、水路、铁路、民航专项组基础上，增设城市客运组和邮政快递组，针对重点领域疫情防控、应急物资运输、邮政快递恢复、滞留服务区人员疏解等关键问题，加强组织协调调度，有力有序有效推进各领域疫情防控工作。

完善措施方案。制订道路运输、城市客运、民航运输、铁路旅客出行服务等4个领域恢复运营指导方案，为及时有序恢复交通运输服务提供保证。制订应急处置运输保障工作方案，精准做好局部聚集性疫情应急处置和运输保障工作。制订火车站、港口、长途客运、机场专项工作方案，有力做好突发性疫情应急处置和常态化疫情防控。

2. 强化精准施策，严防疫情通过交通运输渠道传播

严格管控重点领域。针对不同行业部门，分类施策、精准推进，阻断疫情通过交通运输渠道传播。根据疫情防控要求，涉疫地区及时采取停运、停航等管控措施，视情暂停铁路、道路、城市、机场客运业务，在高速公路和干线公路设立检疫站，协助公安部门筑牢"三道防线"。聚焦水路冷链、道路冷链两个领域，强化国际冷链集装箱运输、散装冷藏货物装卸管理。

严细京冀协调联动。2021年1月14日，京津冀三省市区域交通一体化统筹协调小组印发《关于加强疫情防控、服务保障和重点建设协调联动实施意见》（京津冀交发〔2021〕1号），有力有序有效推动京津冀交通运输疫情防控、服务保障和重点项目建设等各项工作。协助落实进京防疫政策要求，做好车辆人员跨区流动管控，全力拱卫首都安全。加强与北京衔接，协助开展进京生活物资车辆检疫核验工作，年初疫情期间设置牛驼服务区、万庄服务区"核酸采样点"，并为检疫人员提供全面服务保障，累计检测28205人次。

3. 强化应急保障，确保民生保障大通道全面畅通

着力解决运输通道不畅问题。认真落实交通运输部要求，公路运输简易领证，凭证畅行，收费站开通专用通道。动态调整管控措施，印发道路交通管控"七项禁止"，科学精准推进疫情防控全面保障货运畅通等一系列方案、举措，切实保障疫情防控期间生产生活物资、能源物资运输车辆通行和群众安全便捷返乡出行。

着力解决信息渠道畅通问题。 年初疫情期间，开通 4 部应急运输服务电话，累计接听电话近 6000 个，全力协调解决防疫物资、生活必需品、重要生产物资等应急运输车辆通行问题。及时解决部分高速服务区滞留过境车辆及雄安新区、冬奥会等重点领域人员通勤保障等问题。

（六）"四个坚持" 助推交通一体化取得新成效

1. 坚持统筹推进，上下联动发出"新合力"

党中央统揽全局决策部署。 2021 年 1 月 18 日至 20 日，习近平总书记在北京、河北考察，主持召开北京 2022 年冬奥会和冬残奥会筹办工作汇报会并发表重要讲话。指出推动京津冀协同发展，努力在交通、环境、产业、公共服务等领域取得更多成果，强调要全力做好各项筹办工作，积极谋划冬奥场馆赛后利用，加快建设京张体育文化旅游带。3 月 16 日，韩正副总理主持召开京津冀协同发展领导小组会议，强调要加快推进一体化交通基础设施建设，构建"轨道上的京津冀"，完善区域公路网，提高京津冀机场群和港口群管理水平；支持通州区与北三县协同发展，着力促进交通、环保、产业、公共服务等领域协同发展实现新突破。4 月 28 日，韩正副总理到河北雄安新区调研，主持召开京津冀协同发展领导小组会议并讲话，强调要严格按规划高标准高质量建设雄安新区，积极稳妥有序疏解北京非首都功能。

省委省政府统筹安排强力推进。2021年2月10日，省委书记、河北省推进京津冀协同发展工作领导小组组长王东峰主持召开领导小组第六次全体会议，研究审议《河北省推进京津冀协同发展2021年工作要点》，安排部署下一步重点任务，强调要持续用力有效承接北京非首都功能疏解，大力推进交通互联互通，打通京津冀"断头路"，打造"轨道上的京津冀"，携手加快京津冀机场群、港口群建设；要扎实推动廊坊北三县与北京通州区协同发展，要加快推进"三区一基地"建设，要加快建设全国现代商贸物流重要基地，不断完善立体综合交通网络。7月11日，王东峰主持召开省委雄安新区规划建设工作领导小组办公室、省推进京津冀协同发展工作领导小组办公室工作座谈会，指出要坚持以疏解北京非首都功能为"牛鼻子"，努力实现产业转移、生态环境建设和交通一体化新突破。

交通运输部门凝心聚力全面落实。各市人民政府和交通运输管理部门，提高政治站位，准确理解和把握高质量推进京津冀交通一体化的重大意义，切实增强政治责任感、历史使命感和时代紧迫感。坚持高起点规划、高标准建设、高质量发展原则，树立大协同理念，把提升交通一体化水平作为融入双循环发展格局的重要抓手，进一步打通"大动脉"、畅通"微循环"，着力提升运输服务、运营管理、交通执法和信息化建设一体化水平，以更宽视野、在更广领域推动交通一体化高质量发展。按照省部2021年工作要点，研究制定

《河北省推进京津冀交通一体化2021年工作要点》，明确强化机制运行、突出规划引领、着力项目建设、提升运输服务、深化工作协同5个方面、26项任务、50项具体工作，各级交通运输部门团结一心、主动作为，聚力项目高质量建设，确保京津冀交通一体化重大项目加快落地实施，统筹推进京津冀交通一体化向广度深度拓展。

2. 坚持规划引领，发展蓝图绘出"新脉络"

擘画高质量发展路线图。开展协同发展战略布局和重大设施规划建设研究，进一步厘清交通一体化发展路径和脉络，确保"一张蓝图"干到底。在前期印发《河北雄安新区综合交通专项规划实施意见》《京津冀协同发展交通一体化规划（2019—2035年）实施方案》等一系列政策方案基础上，2021年以来，对标对表《国家综合立体交通网规划纲要》，加快推进全省综合立体交通网规划研究工作，2021年8月，印发实施全国第一个省级综合立体交通网规划《河北省综合立体交通网规划纲要》，提出了综合立体运输通道规划（图1-20），京津冀交通一体化任务目标进一步明确。

绘制"十四五"综合交通运输体系发展规划图。结合国家"十四五"综合交通运输体系发展规划和全省国民经济和社会发展"十四五"规划纲要，进一步优化完善我省综合交通运输体系发展"十四五"规划和公路、港口、民航等专项规划方案，并对京津冀交通一体化做出专章安排，"十四五"期交通一体化发展任务基本明确。

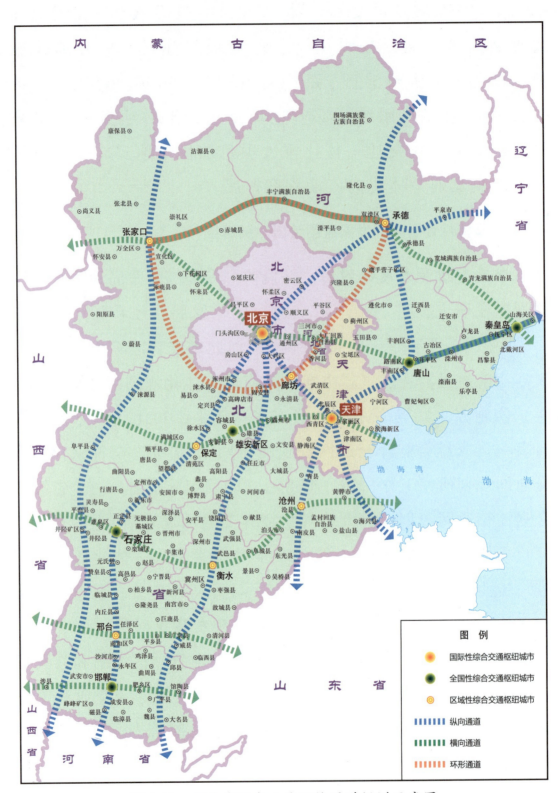

图1-20 河北省综合立体运输通道规划示意图

编撰交通基础设施互联互通"施工图"。 制定《河北省与京津、周边五省及省域内对接公路建设专项实施方案》，计划建设河北省与京津、周边五省及省域内规划对接公路343条，共351条段，总里程约4804公里，明确责任目标，形成时序安排，推动路网持续优化。

3. 坚持创新驱动，破解难题闯出"新路径"

创新进京安检新模式。 坚持以改革创新破解难题，疏通交通一体化中的"堵点"，打通制约高质量发展的"瓶颈"。大兴国际机场北线高速公路廊坊段与北京东延段同步连通运营，采用异地联合安检模式，在廊坊市设立联合安全检查站，并于5月17日正式启用，助力"5.18"廊坊经贸洽谈会圆满举办。

创新要素保障。 张涿高速公路新增西太路互通项目通过积极协调省协同办和中央协同办支持，采取政府和企业共同筹措，即省级以上财政投入一部分、省高速公路集团筹措一部分的方式解决资金问题，采用联合评审的方式，就半互通形式与北京市达成一致意见，组织2次协调会议解决防洪评价问题，确保开工建设。

创新施工方式。 国道G109新线高速公路京冀界小龙门隧道通过综合考虑施工工期、手续报批、工程建设成本、施工难度等因素，就采用新增施工斜井加通风竖井施工的方案与北京市达成一致意见并签署接线补充协议。

4. 坚持协调联动，对接工作创出"新局面"

协同发展机制更加完善。 按照京津冀协同发展领导小组、京津冀三地党委和政府及交通运输部工作部署，强化沟通协调、对接合作，完善跨区域、跨方式、多层级的专项协调机制。建立省级层面推进京津冀协同发展交通一体化联席会议机制；优化京津冀三省市区域交通一体化领导小组工作规程、完善组织机构，统筹协调小组由原3个专项小组调整为5个专项小组，增加执法协调组和信息共享组；加强区县层面对接机制，毗邻区市交通运输行业主管部门成立联合工作专班，形成涵盖"国家—省部—厅委—区市"四个层级的协同发展工作机制。2021年3月27日，组织召开省推进京津冀协同发展交通一体化联席会议，4月28日，会同京津交通运输部门组织召开京津冀三省市区域交通一体化统筹协调小组第6次联席会议，总结"十三五"和2020年工作，部署"十四五"和2021年任务，协调解决存在问题，推动工作落实，统筹推进交通一体化向广度深度拓展。

协调对接日益深入。增加对接频率，强化对接效果，采用现场对接、视频对接、电话对接等方式与京津主动对接、灵活对接，推动重点工作、重大项目落地落实。2021年来，与京津交通运输部门召开各类协调对接会议、专题联席会议8次，签署接线协议6份。三省市交通运输部门各对口单位开展项目方案研究、智慧公路建设、新业态发展、信息互通共享专项研讨20余次。

二、形势要求与工作建议

（一）形势要求

从宏观经济形势看，在世纪疫情冲击下，百年变局加速演进，外部环境更趋复杂严峻和不确定。我国经济发展面临多年未见的需求收缩、供给冲击、预期转弱三重压力，困难和挑战明显增多。从行业发展形势看，机遇与挑战交织并存，但约束条件明显增多，疫情仍是最大变量，交通运输供需局部失衡问题突出，呈现需求结构分化、供给受到冲击、运行成本过高、市场预期不稳、风险隐患增多等特点。从京津冀协同发展来看，京津冀世界级城市群是我国赢得新一轮全球竞争战略主动的重要引擎，也是交通强国建设的先行引领地区之一，京津冀地区作为以首都为核心的世界级城市群、区域整体协同发展改革引领区、全国创新驱动经济增长新引擎和生态修复环境改善示范区，将在国家区域协调发展战略中发挥更加重要的作用，交通一体化仍处于大有可为的战略机遇期。

1. 发挥先行引领作用

坚持交通先行，是习近平总书记关于交通运输重要论述的鲜明特色，多次强调要把交通一体化作为京津冀发展的先行领域，强调交通成为中国现代化的开路先锋，把交通在现代化建设全局中的地位提到前所未有的高度。推动京津冀协同发展，要深刻把握交通先行发展定位，交通运输必须率先实现现代化，在能力上适度超前、在发展上率先突破、在作用上先行引领，推动交通运输发展质量变革、效率变革、动力变革。构建京津冀区域一体化交通体系，必须强基础、增动能、优环境，进一步完善协同举措、创新协同机制，努力实现与京津一张图规划、一盘棋建设、一体化发展，全力推进京津冀交通一体化向广度深度拓展，当好京津冀协同发展的开路先锋。

当前和今后一个时期，是河北在全面建成小康社会基础上，乘势而上加快建设现代化经济强省、美丽河北的关键阶段，"三件大事"带来的强大势能正在加速转化为河北跨越赶超的发展新动能，发展潜力巨大。要深刻把握坚持"交通天下"时代使命,把握创新引领发展动力,加快建设现代化综合交通运输体系。要求继续高标准高质量高效率支撑雄安新区建设发展,抢抓冬奥会带来的发展机遇,完善交通基础设施建设,推进交通智能化、信息化建设,推进绿色交通建设。要求着眼解决区域发展不平衡不充分问题,发挥比较优势,突出区域联动,支撑"两翼、两区、三群、六带"的发展布局,为建设现代化经济强省、美丽河北提供坚实保障。

专栏9　河北省"两翼、两区、三群、六带"发展布局

"**两翼**":即以建设雄安新区疏解北京非首都功能集中承载地,带动冀中南乃至整个河北发展,以筹办北京冬奥会为契机推进张家口市高质量发展;

"**两区**":即建设首都水源涵养功能区,建设京津冀生态环境支撑区;

"**三群**":即建设以首都为核心的世界级城市群,建设环渤海港口群,建设和融入京津冀机场群;

"**六带**":即建设大运河文化带,建设京张体育文化旅游带,建设太行山—燕山生态保护和绿色发展带,建设沿海经济崛起带,建设石保廊创新发展引领带,建设冀中南转型升级示范带。

2. 持续向深度广度突破

"十三五"京津冀交通一体化实现率先突破、全面推进，京津冀交通一体化格局基本成型，区域"四纵四横一环"和全省"六纵六横一环"综合运输大通道基本形成。2021年，京津冀交通一体化呈现向深度广度突破态势，雄安新区对外骨干路网全面建成，冬奥会交通运输保障全部到位，北三县与通州区项目建设驶入"快车道"，"轨道上的京津冀"建设继续加力，互联互通公路项目加快建设，综合枢纽项目建设加速推进，运输服务保障能力进一步增强。

要持续推动京津冀交通一体化向广度深度拓展，不断实现新突破。加快落实《河北省综合立体交通网规划纲要》，在打通"大动脉"的基础上，进一步畅通微循环，建设安全、便捷、高效、绿色、经济的现代化综合交通运输体系，打造高品质的快速交通网、高效率的普通干线网、广覆盖的基础服务网，加快形成立体互联的综合交通网络化格局。要持续提升运输服务一体化水平，提高运输服务效率和品质，提高多种运输方式综合衔接和融合发展水平，加强客运公共服务均等化和旅客联程运输水平，推动运输结构和多式联运发展。

3. 落实规划阶段性目标

《京津冀协同发展交通一体化规划（2019—2035年）》提出到2022年形成北京、天津中心城区与新城、卫星城之间的"0.5小时通勤圈"，京雄津保唐"1小时交通圈"，相邻城市间基本实现1.5小时内通达；北京城市副中心与北三县、通州—武清—廊坊等区域基本解决跨区域、跨方式的交通一体化问题。要求京津冀交通网络更加完善畅通、枢纽功能将持续优化提升、运输服务一体更加便捷、交通系统持续绿色化智能化转变、区域间协同发展机制更加健全；要求继续高标准高质量高效率推动雄安新区建设发展，要求抢抓冬奥会带来的发展机遇，完善交通基础设施建设，推进交通智能化、信息化建设，推进绿色交通建设。

（二）存在问题

总体来看，京津冀交通一体化发展尽管取得显著成绩，但距离构建京津冀世界级城市群、满足人民日益增长的对美好物质文化需要仍有差距，部分领域仍面临质量不优、效益不高、创新能力不强等问题。

1. "规划同图，建设不同步"现象依然存在

规划内个别项目"同图不同步"，对接路段技术等级需进一步统一，如京德高速公路河北段已于5月底建成通车，北京段线位尚未确定，尚未明确建设时序。我省先后8次协调对接北京方面加快推进京德高速公路北京段项目前期工作，但截至目前，京德高速公路北京段线位仍未确定。

2. 要素保障需进一步加强

一方面，用地政策进一步收紧，2019年修正出台《中华人民共和国土地管理法》，2021年9月1日施行新修订的《中华人民共和国土地管理法实施条例》，建设用地审批流程、临时用地管理等更加严格，并加大违法占地处罚力度，本应加快建设的部分项目进度缓慢。另一方面，资金制约仍然突出。因市财政承受能力等原因，石家庄市做业主的石衡高速公路等项目，虽经多次协调仍未纳入 PPP 项目库，资金无法落实。此外，受用海政策调整影响，国家海洋局暂停受理、审核渤海内围填海项目，原计划的抛泥区无法继续使用，导致唐山港京唐港区第四港池 25 万吨级航道工程未按批复工期完工，项目进展缓慢。

3. 干线公路品质存在"梯度差"

河北省干线公路品质与京津存在一定差距，公路功能设施有效供给仍需加强。干线公路路况水平、生态功能均有待加强，多数互联互通路段低于京津对接路段养护、绿化等标准，生态功能、管养品质等需同标准提升。特别是普通干线服务设施呈现总量不足、分布不匀、布局不优等问题，现有服务设施管理和服务水平参差不齐，尤其是"交通公厕"、能源供给设施等有效供给不足。

4. 跨区域、跨方式客运通行效率有待进一步提高

目前京津冀三地尚未出台毗邻地区跨区域公交审批政策，没有明确的跨省公交审批部门及审批流程，缺少政策依据导致规划的跨区域公交线路无法开通。此外，北三县进京的通勤通道已显不足，特别是加上进京检查站的影响，早高峰进京多条通道拥堵严重。北三县与通州区公交线路通达尚不充分，班次相对不足、场站设置有待优化。

部分客运场站与城市交通接驳不畅，普遍存在步行距离长、缺少换乘廊道、城市公交线路未覆盖等问题，旅客联程运输尚处

于起步阶段，虽然取得了一定的成效和示范作用，但在完善联运设施、共享信息资源、规范联运服务等方面还存在问题。石家庄高铁站和地铁站安检标准不一致，安检互认区不满足条件，导致两站仅是空间接近，距离科学高效换乘还有一定差距，未实现站内换乘。

5. 货运"最后一公里"问题仍较突出

货运先进运输组织模式发展水平较低、专业化程度不高。虽然河北省多式联运发展取得了一定的成效，但是由于一直以来，铁路、公路、水运、民航等各种运输方式主要着眼于自身基础设施建设，自成体系、独立发展，跨运输方式基础设施的统筹规划和建设协调不足，缺少具有公共属性的多式联运枢纽站场，"连而不畅""邻而不接"和"最后一公里"问题仍较突出。同时，甩挂运输、城市配送等先进的运输组织形式仅在石家庄等几个主要城市有所推广，且处于起步阶段，还有很大的提升空间。

6. 交通智能化需加速推进

目前，河北省部分地市尚未建成交通运行监测调度中心（以下简称TOCC），省级TOCC无法实现对11个地市交通运输信息资源收集，导致三地之间、河北各市之间信息互通尚存在"壁垒"。此外，河北省交通大数据中心采集数据无论是在行业数据的收集种类上，还是各类数据的颗粒度上与北京市、天津市还存在较大差距，交通运输综合运行监测与管控能力不强，TOCC数据汇聚能力有限，且对数据的综合利用开展不够，缺乏对数据进行综合利用挖掘，对交通运输行业的决策支持能力不足。京津冀三地交通智能化发展水平不一,三地仍处于各自为战状态,交通智能化协同推进不足。三地尚未完全落实"两客一危"、异地执法信息、信用评价信息、公路非法超限超载运输联合治理等数据共享。

(三) 2022年工作建议

2022年是党的二十大召开之年,是全面落实"十四五"规划的关键之年,京津冀交通一体化工作的基本思路是:深入贯彻习近平总书记关于京津冀协同发展系列重要讲话和重要指示批示精神及党中央、国务院重大国家战略部署,全面落实京津冀协同发展规划纲要和"十四五"实施方案,按照省委、省政府和交通运输部工作会议要求,加快构建综合立体交通网,提升基础设施互联互通,提升运输服务一体化,提升交通运输协同治理,走好共建、共享、共创、共赢、共治之路,推动人享其行、物畅其流,到2022年底基本形成多节点、网格状、全覆盖的综合交通网络,基本建成安全、便捷、高效、绿色、经济的一体化综合交通运输体系,为京津冀协同发展提供坚强支撑,奋力当好现代化经济强省、美丽河北的开路先锋,以优异成绩迎接党的二十大胜利召开。

1. 持续推进"两翼"交通运输服务保障能力建设

全力做好冬奥会赛区交通运输保障。 为冬奥会提供便捷、安全、高效、可靠、绿色的交通服务,强化交通运行保障,与北京冬奥组委交通部、北京交委信息联通、工作联动，对道路、车辆全程监控，实行无接触快速站口通行、错时错峰养护等举措，保障通行顺畅。强化设施运行保障，实施交通安全设施日巡查、照明设施日检修、路域环境日维护，确保设施完好、安全、美观。强化通行安全保障，与公安部门及北京、山西、内蒙古交通部门协调联动，坚持疏导、管控、分流并举，增强应对新冠疫情、交通事故、交通拥堵等突发事件的能力，切实抓好恶劣天气除雪工作，确保路网畅通。强化邮政运输保障，坚持从严执行安全查验，优化调整快递企业路由，对寄往核心区的邮件快件实施100%消杀，确保寄递安全、快速。强化冬奥会期间航班备降保障，组织做好国际客运航班备降石家庄机场各项工作。强化赛时服务保障，严格执行服务流程、标准、礼仪，展示交通良好形象。

持续服务雄安新区建设。在雄安新区对外骨干路网项目建成通车的基础上，全力做好运营服务保障，持续做好交通组织、设施维护、安全保障、绿化美化亮化等各项工作。加快推进京雄高速公路二期和周边干线公路项目前期工作，力争早开工建设。进一步完善交通强国建设试点工作机制，加大对试点工作督导力度，及时协调解决有关问题，推动尽早形成一批成果。同时，按照"成熟一个、报送一个"的原则，适时开展试点任务申报验收工作，并向全国全行业推广。

2. 持续推进互联互通项目建设

强化对接协调，加快互联互通项目建设。加快建设轨道上的京津冀，建成京滨铁路、京唐城际铁路，加快雄安新区至大兴机场快线（R1线）、石衡沧港、津兴、长邯聊等项目建设，力促雄商、雄忻高速铁路尽早开工；高速公路建成京秦高速公路遵秦段等4条段、253公里，续建秦唐高速公路等6条段、210公里，开工石衡高速公路等6条段、303公里；普通干线公路建成国道G307衡水段18条段、305公里（施工里程344公里），续建国道G107邯邢界至马头南段35条段、832公里，开工国道G107马头南至冀豫界段改建工程等16条段、278公里。

3. 持续推进港口群和机场群建设

通航运营邢台机场，改造提升石家庄、北戴河、承德3个运输机场，续建中捷通用机场改扩建工程。视疫情防控情况一事一议，恢复石家庄、秦皇岛机场国际航线。强化与首都机场、北京大兴国际机场、天津机场错位发展，优化航线布局，深化空铁联程联运，扎实推进京津冀机场群建设。

建成黄骅港散货港区矿石码头一期（续建）工程，续建唐山港曹妃甸港区中区—港池20万吨级航道工程等项目。巩固港口现有航线，积极谋划开辟外贸直航航线。与天津港合理分工、优势互补，巩固河北省大宗散货运输优势，加强集装箱运输合作。推进港口岸电设施建设，着力扩大岸电使用。

4. 持续推进运输服务保障能力建设

积极发展公铁、空铁、公空等旅客联程运输服务，推进联运接续便捷化，有序推动重点枢纽内各方式安检互认，大力发展"行李直挂""徒手旅行"等服务，推进行李联程托运"一站到底"。加快培育跨运输方式专业化旅客联程运输经营主体，整合线上线下资源，创新一体化联运产品。规范发展网约车、共享汽车、共享单车、分时租赁等新业态交通出行方式。加快组建京津冀陆海空港联盟，吸引京津冀"铁公机海"企业和单位加盟，推动京津冀港口、机场、公路、铁路之间的无缝衔接、联动发展，促进陆、海、天、网"四位一体"互联互通。

统筹优化全省货运枢纽（物流园区）规划布局，优先利用现有物流园区以及货运场站等设施，以石家庄、秦皇岛、唐山、保定、沧州、邯郸国家物流枢纽承载城市为重点，打造一批辐射区域广、集聚效应强、服务功能优、运行效率高的综合性物流枢纽，支撑全国现代商贸物流重要基地建设，鼓励传统公路货运枢纽向公铁联运型综合货运枢纽转型，做优功能、做强服务，满足多样性货运需求。以多式联运线路、中欧班列、铁路沿线城市为重点，以腹地大型交通枢纽和物流园区为载体，完善内陆"无水港"布局。

5. 持续推进交通信息共享体系建设

加快推进各地市TOCC建设，强化上下联动、左右协同，进一步完善TOCC省级总中心交通专题监测与预警功能，加强调查研究，发现问题、剖析原因，精准施策、有效解决，提升省TOCC分析水平和能力。提高统计和监测数据质量，依托TOCC数据平台，有效整合行业内部数据，共享共用相关行业数据，构建交通运输大数据体系，加强数据监测、分析和应用。推进三省市共享共用的安全集约、一体可控的信息化支撑保障体系建设，加快推进京津冀三地信息资源交换共享，细化"两客一危"、异地执法信息、信用评价信息、公路非法超限超载运输联合治理等数据共享。

6. 有序实施干线公路品质对接工程

加快普通干线公路与京津、周边五省同标准对接、同技术等级对接、同等级路况对接、安全性统一对接、环境相似性对接，选择试点示范路线，形成经验并逐步推广，逐步消除与京津对接道路的"梯度差"。加大路网配套服务设施建设力度，鼓励高速公路服务区结合区域特色拓展服务功能，研究制定具有河北特色的干线公路服务设施配套标准。以县道 X457 康庄至祁家皂公路北京界至小七营村出口段按大中修接养方式纳入省道 S313 管理为试点路段，开展普通干线公路与京津、周边五省同技术等级对接、同等级路况对接、安全性统一对接、环境相似性对接、同标准养护对接研究。

7. 有序实施打通农村公路"断头路"工程

目前，河北省域内共有农村公路断头路 122 条，其中省际 30 条段、市际 12 条段、县际 41 条段、乡际 39 条段。建成 X407 五十家村至张北县交界、C346 张台子至辽宁界等 64 条段、164 公里，其中省际 8 条段、24 公里；市际 9 条段、13 公里；县际 27 条段、61 公里；乡际 20 条段、66 公里。加快建设安石路、厂通路等项目；开工建设神威北大街、通宝路等项目。

8. 有序实施跨区域智慧公路建设标准研究

以京雄智慧高速公路等项目为示范，加快落实交通运输部印发的《交通运输领域新型基础设施建设行动方案（2021—2025

年)》和《数字交通"十四五"发展规划》，推动新技术与交通基础设施融合发展，提升公路基础设施全要素、全周期数字化水平，推动智慧公路数据资源融合、北斗导航系统应用等方面关键技术和共性基础标准制修订，推动智慧公路基础设施安全技术、突发事件应急处置等标准制修订，形成京津冀区域统一的智慧公路建设标准。以车路云网一体化解决方案为基础技术体系，深化雷达和车路协同装备研发和推广应用。加快推进智慧高速公路方案向环渤海通道、京沪通道、京港澳通道等省内大通道推广应用，适时向全国范围推广。

9. 有序实施跨区域定制公交试点示范创建

加强与北京方面协调对接，协调北京市交通委尽快出台《北京市定制客运管理办法》，为定制客运班线提供政策依据；以开通中国医学科学院肿瘤医院与河北院区客运定制班线为试点示范，共同探讨京廊两地特别是北三县地区定制客运班线既有线路、班次、站点等设置情况，并进行优化调整；全面总结京廊两地定制客运班线经验，根据需求逐步向张家口、承德、保定等毗邻区域推广应用，提升京冀交通运输一体化水平。

10. 有序实施"大协同"发展机制深化工作

进一步加强协同对接，谋划推进"通勤通道"建设，特别是推进市域郊铁路建设；强化协同观念，针对服务"环首都通勤圈"，统筹研究进京检查站合理布设问题。进一步对接京津，推动形成交通智能化协同推进机制和信息共享机制，努力形成京津冀智能交通"一张网"。加强与铁路管理部门对接，协调实现铁路与城市轨道交通安检互认,优化旅客换乘流程,提升枢纽转换效率。

积极探索大协同工作机制,贯彻大协同理念,完善京津冀区域与周边五省、粤港澳大湾区、长三角等其他区域以及国际先进地区的有效对接机制,联合开展京津冀与周边五省交通一体化相关重大课题研究和专项攻关。

三、2021年度大事记

（一） 领导深切关怀

1月18日—20日，中共中央总书记、国家主席、中央军委主席习近平在北京、河北考察，主持召开北京2022年冬奥会和冬残奥会筹办工作汇报会并发表重要讲话。习近平总书记强调，办好北京冬奥会、冬残奥会是党和国家的一件大事，是我们对国际社会的庄严承诺，做好北京冬奥会、冬残奥会筹办工作使命光荣、意义重大。要坚定信心、奋发有为、精益求精、战胜困难，认真贯彻新发展理念,把绿色办奥、共享办奥、开放办奥、廉洁办奥贯穿筹办工作全过程,全力做好各项筹办工作,努力为世界奉献一届精彩、非凡、卓越的奥运盛会。习近平强调,推动京津冀协同发展,努力在交通、环境、产业、公共服务等领域取得更多成果。要积极谋划冬奥场馆赛后利用,将举办重大赛事同服务全民健身结合起来,加快建设京张体育文化旅游带。

2月10日,省委书记、省推进京津冀协同发展工作领导小组组长王东峰主持召开领导小组第六次全体会议,深入贯彻党的十九届五中全会和中央经济工作会议精神,全面落实习近平总书记关于京津冀协同发展重要指示和党中央决策部署,听取省直有关部门和廊坊市工作汇报,研究审议《河北省推进京津冀协同发展2021年工作要点》,安排部署下一步重点任务。会议强调,要突出交通一体化、产业合作、生态环境建设等重点,推动京津冀协同发展取得新突破。要大力推进交通互联互通,打通京津冀"断头路",打造"轨道上的京津冀",携手加快京津冀机场群、港口群建设。

2月15日,省委书记、省人大常委会主任王东峰在雄安新区主持召开省委雄安新区规划建设工作领导小组专题会议,认真学习贯彻习近平总书记重要指示精神和党中央决策部署,听取重点片区和项目建设工作汇报,研究部署下一步重点任务。会议提出,一要突出统筹协调,进一步强化组织指挥体系建设;二要突出工作重点,全面加快重点片区和重点项目建设进程;三要突出功能定位,积极承接北京非首都功能疏解;四要突出一流标准,努力创造"雄安质量";五要突出全面从严治党,为加快新区建设发展提供有力保障。

3月16日，中共中央政治局常委、国务院副总理韩正主持召开京津冀协同发展领导小组会议，深入学习贯彻习近平总书记关于京津冀协同发展的重要讲话和指示批示精神，讨论有关文件，研究部署下一阶段重点工作。韩正强调，要坚持稳中求进，抓住关键、突出重点，稳妥有序推进京津冀协同发展各项工作。要加快推进一体化交通基础设施建设，构建"轨道上的京津冀"，完善区域公路网，提高京津冀机场群和港口群管理水平。支持通州区与北三县协同发展，着力促进交通、环保、产业、公共服务等领域协同发展实现新突破。

3月17日，省委常委会召开扩大会议，传达学习京津冀协同发展领导小组会议精神，研究我省贯彻落实意见。会议指出，要按照"四统一"要求，大力推进廊坊北三县与北京通州区一体化发展，着力支持服务北京城市副中心建设。要充分发挥全省各市县比较优势，紧紧围绕交通一体化、生态环境建设、产业转移三个重点领域，持续用力实现新突破，不断完善交通一体化体系，积极构建"轨道上的京津冀"，努力打造以首都为核心的世界级城市群、京津冀机场群、环渤海港口群，加快北京大兴国际机场临空经济区建设步伐。

3月23日，时任厅党组书记、厅长王普清到雄安新区调研检查高速公路重点项目建设情况。强调要强化政治责任和使命担当，切实把思想和行动高度统一到习近平总书记重要指示精神和党中央决策部署上来，增强"四个意识"、坚定"四个自信"、做到"两个维护"，坚持常态化疫情防控和项目建设两手抓两不误、奋发作为、攻坚克难，高标准高质量推进重点项目建设，以必胜信心坚决打好通车攻坚战，确保重大国家战略落地见效。

4月14日，省委书记、省人大常委会主任王东峰在雄安新区主持召开省委雄安新区规划建设工作领导小组专题会议。他强调，要深入学习贯彻习近平总书记重要指示精神和党中央决策部署，牢牢把握雄安新区疏解北京非首都功能集中承载地功能定位，积极稳妥有序做好承接疏解各项工作，确保党中央决策部署落地落实。会议提出，要加快完善新区承接北京非首都功能疏解的配套政策，建立健全土地供应、住房保障、项目建设、财税金融、人才引进、创新发展、交通保障、公共服务等政策措施，努力形成保障有力的承接疏解政策体系。

4月28日，中共中央政治局常委、国务院副总理韩正到河北雄安新区调研，主持召开京津冀协同发展领导小组会议并讲话。韩正强调，要认真学习贯彻习近平总书记重要讲话和指示精神，严格按规划高标准高质量建设雄安新区，积极稳妥有序疏解北京非首都功能。

5月14日，时任省交通运输厅新闻发言人、副厅长侯智敏出席交通运输部在雄安新区京雄高速公路建设现场举行的"千年大计　交通先行"记者见面会并答记者问。指出在省委省政府坚强领导和交通运输部有力指导下，全省交通运输系统落实新发展理念，按照高质量发展要求，牢牢把握北京非首都功能疏解集中承载地这个初心，坚持世界眼光、国际标准、中国特色、高点定位，聚焦创造雄安质量，高起点规划，高标准建设，高效率施工，高水平试点，打通大通道，畅通微循环，发挥了先锋作用。

5月17日—18日，省委书记、省人大常委会主任王东峰在廊坊市调研检查。王东峰强调，要深入学习贯彻习近平总书记重要指示精神和党中央决策部署，按照"四个统一"要求，扎实推动廊坊北三县与北京市通州区一体化发展，加快北京大兴国际机场临空经济区高质量发展步伐，以实际行动和工作成效当好京津冀协同发展"排头兵"。

5月22日，交通运输部副部长戴东昌一行到荣乌高速公路新线调研指导。戴东昌一行实地调研荣乌高速公路新线主线，着重对房建、交通安全设施、绿化工程及智慧高速公路建设进行详细了解。戴东昌指出，要全力以赴推进雄安新区对外交通骨干路网建设，打造全国一流样板路，坚决抓好项目收尾工作和通车前期准备工作，当好雄安新区的开路先锋，按期实现通车运营。

5月29日，时任副省长丁绣峰出席雄安新区对外骨干路网建设交流展示活动暨"保通车"劳动竞赛总结大会，宣布"京雄、荣乌新线、京德高速公路一期工程和容易线、安大线建成通车，河北省高速公路通车里程突破8000公里"。

6月24日，省委书记、省人大常委会主任王东峰出席在雄安新区召开的雄安新区建设发展工作现场会。他强调，要深入贯彻习近平总书记关于雄安新区规划建设的重要指示精神和党中央决策部署，组织动员全省上下和举全省之力，进一步坚定信心决心，激发昂扬斗志，持续升级加力，扎实推动重大国家战略和国家大事落地实施，奋力开创雄安新区高质量建设发展新局面，以优异成绩庆祝建党100周年。

7月20日，交通运输部副部长汪洋在北京奥组委主持召开北京冬奥会交通工作协调小组第三次会议，北京冬奥组委专职副主席兼秘书长韩子荣、北京市副市长杨斌、河北省副省长丁绣峰等出席会议，会议认真学习习近平总书记在庆祝中国共产党成立100周年大会上的重要讲话精神，深入贯彻习近平总书记关于北京冬奥会筹办工作的系列重要指示精神，全面总结前一阶段冬奥交通筹办进展，分析研判面临的形势与挑战，研究部署下半年重点工作。

7月29日，厅党组成员、副厅长王谷出席雄安新区智慧高速公路协同对接推进会并讲话。他强调，当前是智慧高速公路建设的关键期，要及时总结智慧高速公路建设经验，探讨解决存在的问题，进一步推进智慧高速建设工作，打造全国智慧高速公路建设样板。

8月29日，时任省委副书记、省长许勤在雄安新区调研检查，强调要深入学习贯彻习近平总书记在承德考察时重要讲话和关于雄安新区规划建设的重要指示，落实省委、省政府工作要求，严格按规划加快推进重点片区、重点项目建设，积极稳妥有序承接北京非首都功能疏解。

9月8日，时任省交通运输厅副厅长侯智敏深入到新元高速公路石家庄南收费站和黄石高速公路石家庄东收费站建设施工现场，督导调研项目建设进展情况。他强调，要认真落实省委、省政府决策部署，全力推进石家庄市绕城高速公路以内高速公路取消收费工作，以决战决胜的精神状态抓紧抓实抓细各个环节，确保如期高质量完成目标任务。

9月12日，我省党政代表团到北京市学习考察，深入学习贯彻习近平总书记"七一"重要讲话精神和党中央决策部署，认真借鉴北京市在改革发展中的好经验好做法，进一步深化京冀交流合作。

9月15日上午，省委书记、省人大常委会主任王东峰在廊坊市主持召开河北省京津冀协同发展工作推进会暨领导小组第七次全体会议。王东峰强调，要深入贯彻习近平总书记重要指示和党中央、国务院决策部署，全面落实京津冀协同发展领导小组第四次全体会议要求，坚决服从服务重大国家战略和国家大事，以承接北京非首都功能疏解为"牛鼻子"，推进京津冀协同发展不断取得新的更大成效。

10月18日—19日，省委书记、省人大常委会主任王东峰在雄安新区调研检查，强调要深入学习贯彻习近平总书记重要指示和党中央决策部署，持续优化雄安新区生产生活环境和营商环境，不断增强新区动力、活力和竞争力，为承接北京非首都功能疏解创造良好条件。

10月26日，省委书记、省人大常委会主任王东峰到张家口市崇礼区调研检查，强调要深入学习贯彻习近平总书记重要指示和党中央决策部署，坚持以北京冬奥会开幕倒计时100天为契机，持续高标准高质量推进冬奥会筹办各项工作，为举办一届简约、安全、精彩的奥运盛会作出河北积极贡献。

11月3日—4日，副省长胡启生赴张家口市崇礼区督导检查冬奥会交通保障、城市运行与设施保障、竞赛服务等工作，他指出，做好冬奥会服务保障工作，是党中央交给河北的重要政治任务，必须举全省之力高水平完成任务，确保举办一届"简约、安全、精彩"的冬奥盛会，进一步做好交通保障各项工作，有力保障赛会交通与社会交通的和谐运转。

11月11日，代省长王正谱在廊坊市调研检查，强调要深入贯彻习近平总书记重要指示和党中央、国务院决策部署，抓住用好京津冀协同发展机遇，主动服从服务重大国家战略，积极承接北京非首都功能疏解，努力在对接京津、服务京津中加快高质量发展。

12月16日，省委书记、省人大常委会主任王东峰到雄安新区调研检查，强调要深入学习贯彻习近平总书记重要讲话精神和党中央决策部署，全面落实党的十九届六中全会和中央经济工作会议要求，坚持以疏解北京非首都功能为"牛鼻子"，持续深化市场准入和项目审批制度改革，大力强化能源保障，积极搭建承接平台，高标准高质量推进雄安新区建设发展，着力打造新时代高质量发展的全国样板。

（二）高效对接合作

2月4日，省交通运输厅与北京市交通委召开视频对接会，双方就推进北三县与通州区跨界道路、西太路、国道G109新线高速公路、承平高速公路、京德高速公路、唐廊高速公路廊坊段等项目建设进行了深入对接，并就签署厂通路接线协议达成一致意见。

3月3日，省交通运输厅与北京市交通委签订关于厂通路（大厂县至通州区段）京冀两省市界接线方案的协议。

3月11日，省交通运输厅组织廊坊市和北三县交通运输局召开推进会，加快推进北三县与通州区跨界骨干道路规划建设，以及区域公交服务一体化工作。

3月27日，省推进京津冀协同发展交通一体化联席会议召开，受时任联席会议总召集人、副省长丁绣峰委托，时任厅党组书记、厅长王普清主持会议并讲话，省交通运输厅党组成员、副厅长戴为民主持会议并传达有关会议精神。会议深入学习贯彻习近平总书记关于京津冀协同发展的重要讲话和指示批示精神，传达学习中央和省关于京津冀交通一体化部署要求，总结"十三五"和2020年工作，部署"十四五"和2021年任务，统筹推进京津冀交通一体化向广度深度拓展。

4月1日—2日，省交通运输厅与北京市交通委在通州区和北三县现场调研对接，实地查看厂通路、通宝路北京段线位条件，并就项目前期工作听取了设计单位现场介绍，在大厂县召开调度会，双方就重点互联互通项目建设安排、京冀公交一体化等事项进行了对接调度。

4月22日，省交通运输厅参加推动北三县与通州区协同发展重点工作调度会，实地调研北三县与通州区4条跨界道路项目，听取廊坊市汇报重点工作推进情况，研究存在问题。

4月28日，京津冀三省市区域交通一体化统筹协调小组第6次联席会议领导小组全体会议在北京召开。京津冀三省市交通部门分别就统筹协调小组第5次联席会议以来交通一体化工作进展情况及2021年工作安排进行了发言，并签订了京冀姚家园路东延和神威北大街、石小路和安石路2份跨界道路接线协议，以及津冀密涿京沪高速公路联络线接线协议。

5月13日，省交通运输厅参加北京城市副中心（通州区）与廊坊北三县一体化高质量发展论坛，推进交通、产业、公共服务向北三县延伸，提升两地创新链、产业链、供应链对接水平，推进通州区与北三县一体化高质量发展。

5月27日，省交通运输厅组织河北交投集团赴山西省交通运输厅就冀晋两省规划建设公路进行对接，重点就青银高速公路石家庄至冀晋界段改扩建、西阜高速公路北延等项目接线方案、建设时序等方面进行沟通。

6月9日，省交通运输厅组织召开普通干线公路重点规划项目调度会，对雄安新区对外骨干路网普通干线项目进行调度。

7月15日—16日，京冀两省市召开年度第3次交通一体化对接会议，双方聚焦国家及两省市重点协同项目，围绕京冀规划衔接的京雄、京德、G109新线、承平、唐廊等高速公路及松兰路、西太路、北三县与通州区四条跨界骨干道路等普通公路和轨道交通一码通行、TOCC信息共享等内容深入对接和讨论，达成了广泛共识。

8月31日，京冀两省市交通运输部门召开国道G109新线高速公路专题对接会议，加快推进国道G109新线高速公路项目前期工作，确保年底前开工建设。

10月12日，京冀两地交通部门在三河市签订通宝路接线协议及G109新线高速公路补充协议，并就张涿高速公路新增西太路互通项目，厂通路跨潮白河大桥建设主体、后续管养，大兴国际机场北线高速公路东延段排水设施改造等相关事宜进行了深入研究。

11月18日，北京市交通委员会与河北省交通运输厅召开视频对接会，就廊坊市开通定制班线、G109 新线高速公路小龙门隧道设置通风井、推进西太路前期工作、京雄高速公路在河北义和庄设置进京治安检查站等议题进行研究讨论，形成广泛共识，为下一步各项工作顺利推进奠定良好基础。

12 月 7 日，京冀两地交通部门召开专项对接会，研究讨论厂通路、西太路年内开工及京津冀交通一体化白皮书发布等事宜。

12 月 17 日，京冀两地交通部门会同省（市）协同办、公安部门，于 12 月 17 日联合召开视频对接会，会议围绕在河北义和庄服务区设置临时进京公安检查站进行了深入对接。

（三）相关重要文件

1 月 14 日，京津冀三省市区域交通一体化统筹协调小组印发《关于加强疫情防控、服务保障和重点建设协调联动实施意见》，有力有序有效推动京津冀交通运输疫情防控、服务保障和重点项目建设等各项工作。

3 月 8 日，省推进京津冀协同发展工作领导小组印发《河北省推进京津冀协同发展 2021 年工作要点》，对高标准高质量建设雄安新区、积极有效承接北京非首都功能转移、加快"三区一基地"建设、推动重点领域新突破、深入推动重点地区协同发展等重点工作进行安排部署。

3 月 14 日，省委雄安规划建设领导小组印发《中共河北省委雄安新区规划建设领导小组 2021 年工作要点》，对雄安新区

2021年规划建设工作作出部署安排，要求加大推进力度，确保如期完成各项任务目标。

4月2日，省推进京津冀协同发展交通一体化联席会议办公室印发《河北省推进京津冀协同发展交通一体化2020年工作总结》和《河北省推进京津冀协同发展交通一体化2021年工作要点》，总结"十三五"和2020年工作，部署"十四五"和2021年任务，统筹推进京津冀交通一体化向广度深度拓展。

4月23日，交通运输部办公厅印发《京津冀暨雄安新区交通建设2021年工作要点》，安排部署高标准、高质量建设雄安新区综合交通运输体系、支撑北京非首都功能疏解、构建综合立体交通网、提升一体化运输服务品质等重点工作。

5月27日，河北省交通运输厅致函交通运输部综合规划司，恳请协调解决京德高速公路北京段尽快开工建设，将密涿京沪联络线纳入国家高速公路网，将京雄、京德、荣乌高速公路新线二期和京沪高速公路改扩建、廊涿高速公路改扩建等项目纳入《"十四五"现代综合交通运输体系发展规划》。

6月28日，京津冀三省市区域交通一体化统筹协调小组印发《关于进一步深化京津冀交通一体化法制协作工作指导意见》，推动京津冀法制协同联动、优势互补、信息互通、资源共享，共同发展。

8月12日，河北省委、河北省人民政府印发《河北省综合立体交通网规划纲要》，是我国第一个省级综合立体交通网规划，指导未来三十年全省铁路、公路、水运、民航和邮政快递等交通基础设施规划，完善全省综合交通网络和枢纽布局。

8月23日，河北省推进京津冀协同发展交通一体化联席会议办公室向省协同办发函《关于商请协调准兴高速公路与我省交界路段路面加快施工的函》（冀交函同〔2021〕1092号），商请协调内蒙古自治区加快推进项目路面工程建设，与张尚高速公路同步建成通车，同步运营。

8月23日，河北省交通运输厅向省协同办发函《关于恳请协调北京市加快推进京雄高速公路公安检查站相关工作的函》（冀交函同〔2021〕1094号），恳请省协同办协调北京市统筹考虑京雄高速公路公安检查站设置事宜，并加快推进相关工作，确保年底京雄高速公路北京段建成后实现全线通车运营。

8月25日，河北省交通运输厅向交通运输部呈报《关于恳请给予京津冀交通一体化廊坊北三县与通州区跨界道路建设资金支持的请示》（冀交同〔2021〕323号），恳请交通运输部对北三县与通州区跨界骨干道路建设资金给予支持。

8月25日，河北省交通运输厅向省协同办发函《关于恳请给予京津冀交通一体化廊坊北三县与通州区跨界道路建设资金支持的函》（冀交函同〔2021〕1110号），恳请协调中央协同办对北三县与通州区跨界骨干道路建设资金给予支持。

10月26日，河北省交通运输厅向省协同办发函《关于报送京津冀协同发展中央预算内投资专项2021年第二批中央预算内投资计划项目的函》（冀交函同〔2021〕1389号），协调张涿高速公路新增西太路互通项目申请中央预算内财政资金。

11月22日，河北省交通运输厅、雄安新区管委会联合印发《河北雄安新区智能交通专项规划》，有序推进雄安新区交通强国试点建设。

12月14日，河北省交通运输厅、河北省财政厅印发《关于公布河北省县级城乡客运一体化试点的通知》，促进农村道路客运及公共交通业的健康稳定发展，加快推动我省城乡客运一体化进程。

（四）全力推进建设

2月18日，荣乌高速公路新线、京德高速公路分别召开施工动员会，全面部署工程建设及劳动竞赛各项工作，向5月底建成通车目标发起冲刺。

2月27日，雄安新区对外骨干路网重点建设项目"保通车"劳动竞赛誓师大会召开。在做好疫情防控的基础上，竞赛时间从2021年2月下旬开始至5月底结束，投资128.5亿元，占年度投资计划139.9亿元的91.9%。其中，高速公路项目完成投资121.8亿元，占年计划133.2亿元的91.4%，普通干线公路项目完成投资6.67亿元，占年计划6.7亿元的99.6%。

3月4日，河北高速公路集团组织召开京雄高速公路"决战开门红，决胜520"暨集团公司2021年建设项目动员会。会议指出要撸起袖子加油干，扑下身子抓落实，啃下"硬骨头"，落实硬指标，完成硬任务，向省委省政府、省交通运输厅和广大人民群众交出一份满意的答卷。

3月16日，省交通运输厅二级巡视员齐彦锁率督导组到京德高速公路进行调研指导。督导组沿主线对主体和路面标段进行实地查看，听取总监办及各施工单位工作汇报。督导组强调，各级各单位要严格把控作业时间，加强安全管理，合理配置资源，强化质量管控，在创造品质工程上下足功夫，保质保量完成剩余工作，以优异成绩向建党100周年献礼。

5月9日，荣乌高速公路新线主线沥青上面层施工结束，至此荣乌高速公路新线主线路面工程全部完工，标志着荣乌高速公路新线进入交工通车倒计时阶段。

5月17日，北京大兴国际机场北线高速公路廊坊段与北京东延段正式连通，标志着北京大兴国际机场北线高速公路全线贯通，进一步完善了京津冀区域交通一体化路网体系，促进了京津冀区域交通互联互通。

5月18日，北京冬奥会重大交通保障项目——延崇高速公路河北段延伸工程洞外沥青表面层顺利完成，向6月底延伸工程及赤城支线建成目标又迈出了关键一步。

5月29日，雄安新区京雄高速公路河北段、荣乌高速公路新线、京德高速公路一期工程同期建成通车。至此，连同既有的京港澳、大广、荣乌、津石4条高速公路共同构成的"四纵三横"雄安新区对外高速公路骨干路网全面形成，雄安新区与京津冀实现全面快速联通，大规模建设画卷加速铺展。

6月26日，京杭大运河河北香河段实现旅游通航，将重点面向京津冀游客群，建设运河全域旅游发展新高地，同日，大运河北京段也同步分段试通航。

7月5日，石太高速公路全力推动安全生产建设向深处走往实处落。石太高速公路树牢安全生产理念，以开展"安全生产月"为契机，着力强化安全包保责任制、风险分级管控，扎实开展隐患排查治理、安全宣传教育等系列活动，抓住能源运输和危化品双通道的特殊性，切实推动安全生产建设向深处走、往实处落。

7月14日，涉奥高速公路服务区张承高速公路张家口服务区、崇礼服务区无障碍设施改造工程基本完成全部无障碍设施建设任务。基于高速公路服务区的服务对象、车流量、功能布置、空间划分，紧密结合北京冬奥会和残奥会的相关需求，燕赵驿行公司严格按照经济性、全面性、便捷性、美观性、人性化原则对改造工程进行规划设计。

8月11日，唐山港首条中俄直达班列开车，此趟班列主要装载液晶显示器、机械设备、纺织品等货物，为腹地外贸企业对接"一带一路"、融入中蒙俄经济走廊建设开辟了陆上运输新通道。

8月31日，延崇高速公路延伸工程顺利通车，项目建成通车后，北京至崇礼高速公路全线贯通，与张承高速公路连通，首都北京到张家口的交通压力有效缓解，河北省高速公路网进一步完善，对推进京津冀协同发展和促进沿线地区经济社会发展起到重要作用。

9月28日，石家庄市绕城高速公路以内高速公路取消收费开放通行总结大会在石家庄北端口收费站召开。标志着石家庄市绕城高速公路以内8条段96.6公里高速公路免费行驶。新增的4座收费站与运营的正定、霍寨、南降壁、化工园区、寺家庄5座收费站，拉开以9个收费站为门户约1200平方公里的省会发展框架。同时，4座收费站造型或再现古色古韵，或寓意展翅腾飞，或彰显奋发精神，或融古今展未来，进一步优化了城市空间布局，完善了周边路网体系，缓解了城区交通压力，将有力推动省会城市功能提升。

9月29日，冬奥隧道消防事故应急处置演练在延崇高速公路举办。本次演练突出了冬奥会期间突发事件的特殊性，全面展现了突发事件的应急处置流程，全面检测了冬奥会应急预案的可行性和操作性，进一步提高了延崇管理中心冬奥期间应急保障能力。同时，展示了智慧高速公路管理平台、路网运行监测、预警、报警、协同管控、互联网传输、声光报警等新技术在应对突发事件时的优势。

10月12日，廊坊三河市燕郊西出口立交枢纽项目正式通车。燕郊西出口地处河北省三河市西部102国道与通燕高速公路相接处，与北京城市副中心仅以潮白河相隔，是京津冀东部区域的咽喉要道。该节点汇聚了102国道、思菩兰路、通燕高速公路、京榆公路旧线、燕顺路，形成了五路汇聚的特殊交通状况，一直以来承担着数十万跨省上班族出行的重任。立交枢纽建成后，交通架构由平面交通转变为立体交通模式，有效解决五路汇聚引起的交通拥堵问题，出京由原来半小时缩减到10分钟，进京仅用5分钟就可以跨省到达北京通燕高速公路白庙收费站，对加快三河地区与北京城市副中心协同发展、实现京冀区域高质量发展提供坚实助力。

10月22日，迁曹高速公路京哈高速公路至雷庄互通段正式开通收费运营。至此，京津冀交通一体化重要项目——迁曹高速公路全线通车。迁曹高速公路全线贯通带动了唐山市东部经济快速发展，有助于迁安、滦州、滦南等市县与曹妃甸开发区、曹妃甸港区直接对接，加速区域经济一体化进程，对唐山建设"京津冀城市群东北部副中心城市"具有重要意义。

10月22日，唐山港京唐港区25万吨级航道项目通过交工验收。标志着唐山港京唐港区港口能级跃上新台阶，对唐山港加快建设世界一流综合贸易大港、促进唐山沿海经济带高质量发展具有重要意义。

11月10日，马丈子、会展东、崇礼北3个临时交通场站完工，届时北京冬奥会张家口赛区8个临时交通场站全部建设完成，为实现赛区高速公路、高速铁路与域内公交车换乘提供保障。

12月8日，唐山港京唐港区矿石铁路疏港配套装车系统正式通过省市主管部门组织的交工验收。标志着目前国内电气化、自动化、专业化程度最高的矿石铁路疏港配套装车系统具备交付使用条件，对完善港口铁路集疏运体系、助力唐山全面绿色转型具有重要意义。